Het Ontwaken van Universeel Moederschap

Het Ontwaken van Universeel Moederschap

Een toespraak gegeven door
Sri Mata Amritanandamayi

ter gelegenheid van
een Wereldomvattend Vredesinitiatief van Vrouwelijke Religieuze en Spirituele Leiders.

Palais des Nations, Genève
7 oktober 2002

Mata Amritanandamayi Center, San Ramon
Californië, Verenigde Staten

Het Ontwaken van Universeel Moederschap

Uitgegeven door:
 Mata Amritanandamayi Center
 P.O. Box 613
 San Ramon, CA 94583
 Verenigde Staten

— *The Awakening of Universal Motherhood (Dutch)* —

Copyright © 2003 by Mata Amritanandamayi Mission Trust, Amritapuri, Kerala 690546, India
Alle rechten voorbehouden. Niets uit deze uitgave mag worden verveelvoudigd, opgeslagen in een geautomatiseerd gegevensbestand, of openbaar gemaakt, in enige vorm of op enige wijze, hetzij elektronisch, mechanisch, door fotokopieën, opnamen, of op enige andere manier, zonder voorafgaande schriftelijke toestemming van de uitgever.

Eerste druk door het MA Center: mei 2016

In Nederland:
 www.amma.nl
 info@amma.nl

In België:
 www.vriendenvanamma.be

In India:
 www.amritapuri.org
 inform@amritapuri.org

Inhoud

Gebed	6
Inleiding	9
Acceptatietoespraak	31
Hoofdtoespraak	35

Gebed

ॐ

असतो मा सद्गमय
तमसो मा ज्योतिर्गमय
मृत्योर्मा अमृतं गमय
ॐ शान्तिः शान्तिः शान्तिः

Om
asato mā sadgamaya
tamaso mā jyotirgamaya
mṛtyormā amṛtaṁ gamaya
Om śāntiḥ śāntiḥ śāntiḥ

Om
Leid ons van onwaarheid naar Waarheid,
van duisternis naar het Licht,
van de dood naar Onsterfelijkheid.
Om, vrede, vrede, vrede.

Met het Licht van Vrede

Inleiding

De Kracht van Moederschap

Door Swami Amritaswarupananda Puri

Toen de naties van de wereld, geschokt door het bloedvergieten en het conflict van de eerste wereldoorlog de handen ineensloegen, ontstond er een tempel van vrede, de "Volkenbond." Het hoofdkwartier ervan was in Genève, Zwitserland. In een tijd dat de naties wedijverden om te laten zien wie de sterkste was, was de bond echt een lamp die de mensen en de heersende klassen de weg naar vrede toonde. Dat was het doel. Ook al maakte de tweede wereldoorlog een eind aan de Volkenbond, de naties van de wereld kwamen opnieuw bijeen. Deze samenkomst leidde tot de vorming van de Verenigde Naties.

Van 6 tot 9 oktober 2002 was er opnieuw een samenkomst van naties in Genève: een bijeenkomst van de vrouwelijke religieuze en spirituele leiders van de wereld, georganiseerd door het Wereldomvattende Vredesinitiatief voor Vrouwelijke Religieuze en Spirituele Leiders en de Millennium Wereldvredeconferentie. Vertegenwoordigers van ongeveer 125 naties namen aan het initiatief deel. De belangrijkste plechtigheid op 7 oktober vond plaats in de Vergaderzaal van de Verenigde Naties (Palais des Nations).

Er waren twee belangrijke bijeenkomsten op 6 oktober. De eerste was het Gebed voor Wereldvrede. Tijdens deze sessie kwam een onbeschrijfelijke tumult van emoties dat de grenzen van kaste, religie en taal transcendeerde, tot uitdrukking in een gebed dat een oprechte ontboezeming van verlangen naar vrede voor allen was.

Om drie uur 's middags kwam Amma bij Hotel Beau Rivage in het hart van Genève aan. De secretaris van het Wereldomvattende Vredesinitiatief voor Vrouwelijke Religieuze en Spirituele Leiders, Mw. Dena Merriam en de Secretaris Generaal van de Millennium Wereldvredeconferentie, Dhr. Bawa Jain, ontvingen Amma. Amma bleef niet lang. Het

Inleiding

officiële kanaal van de Millennium Wereldvredeconferentie, de Ruder Finn Group, en een Amerikaans bedrijf dat documentaires maakte, One Voice International, vroegen Amma om een interview.

"Als er al een weg naar wereldvrede is, wat is die dan?" Deze vraag kwam van de Ruder Finn Group.

Amma glimlachte en zei toen: "Dat is heel eenvoudig. Eerst moet er verandering van binnen plaatsvinden. Dan zal de wereld automatisch veranderen. Dan zal er vrede heersen."

Vraag: "Wat voor verandering?"

Amma: "Veranderingen die veroorzaakt worden door spirituele principes in je op te nemen."

One Voice International vroeg Amma toen: "Wat kan er gedaan worden om de mentaliteit van mannen en de samenleving te veranderen die vrouwen als ondergeschikt zien?"

"Een vrouw moet standvastig trouw blijven aan haar moederschap, dat inherent aan haar is." Amma's antwoord was zo natuurlijk voor Haar.

Vraag: "Zegt Amma dat vrouwen zich niet in andere kringen van de samenleving moeten wagen?"

Amma: "Nee, Amma zegt dat vrouwen zich in alle kringen van de samenleving moeten wagen. Maar wat ze ook doet, ze moet een diep vertrouwen hebben in de kracht van moederschap. Handelingen zonder dat vertrouwen, op welk gebied dan ook, zullen vrouwen niet helpen vooruit te gaan, maar zullen hen zwakker maken."

Vraag: "Wat is Amma's mening over de houding van mannen in het algemeen?"

Amma: "Zij zijn ook Amma's kinderen. Maar zelfs nu vinden zij het moeilijk om het respect en de erkenning die zij uiterlijk aan hun vrouw, moeder of zus tonen, zich eigen te maken. Over het algemeen geloven zij meer in spierkracht"

Zowel het mannelijke als het vrouwelijke televisiepersoneel en andere toekijkers moesten lachen toen zij Amma's antwoord hoorden.

Toen introduceerde Mw. Debra Olsen van One Voice International een vrouwelijke brandbestrijder uit New York aan Amma. Ze

Inleiding

zei: "Dit is Jennifer. Ze is uit New York gekomen. Ze was in het Wereldhandelscentrum aanwezig op de dag van de terroristische aanval om te helpen het vuur te blussen. Ze is nog niet helemaal hersteld van de schok na die ramp. Amma moet haar zegenen."

Misschien dacht Amma aan de conditie van de duizenden hulpeloze en onschuldige mensen die op die dag door verbranding om het leven kwamen, want Haar gezicht en ogen drukten duidelijk verdriet uit. Toen Amma Jennifer liefdevol omarmde en haar tranen afveegde, kwamen er ook tranen in Haar ogen. Tranen vulden ook de ogen van allen die getuige waren van dit zeer ontroerende tafereel.

Jennifer had een kiezelsteen en een verwrongen sleutel van de plaats van het Wereldhandelscentrum die nu "Ground Zero" genoemd wordt, meegebracht. Ze liet die aan Amma zien en zei: "Ik weet niet echt waarom ik ze meegebracht heb, maar ik moest de pijn met me meenemen. En ik hoopte dat ik me iets anders zou voelen als ik deze weer naar huis zou brengen. Ik ben hier met zoveel woede gekomen in de hoop dat ik in mijn hart wat vrede zou vinden." Toen ze dit zei, offerde ze de steen en de sleutel aan Amma. Amma nam ze vol respect aan, bracht ze naar Haar hoofd en kuste ze.

Jennifers gezicht klaarde op. Het leek alsof ze een onuitsprekelijke vrede ervoer.

"Jennifer gelooft niet in God of in een religie. Maar ze heeft liefde en mededogen voor de lijdende mensen. Is het nodig dat zij tot een God bidt?" vroeg Debra Olsen aan Amma.

"God is liefde en mededogen voor de lijdende mensen. Als men zo'n hart heeft, is het niet nodig om tot God te bidden," antwoordde Amma.

Er werden veel andere vragen gesteld. Prachtige, eenvoudige antwoorden kwamen van Amma's lippen.

Toen het interview afgelopen was, kwam de beroemde Hollywood actrice Linda Evans om Amma te zien. Ze was in de wolken om Amma te zien. "Ik heb zoveel over U gehoord. Pas nu heb ik U kunnen ontmoeten. Wat een zegen!" zei Linda.

Terwijl Amma haar liefdevol omarmde en liefkoosde, zei Ze: "Men moet even bewust zijn in het echte leven als in het filmleven."

Inleiding

"Daar streef ik naar. Ik heb Amma's zegen nodig," antwoordde Linda.

Ze bleef een tijdje naar Amma staren. Linda vroeg toen: "Wat is het doel van Goddelijk Moederschap?"

Amma: "Het is een houding van de geest, verruiming."

Linda: "Hoe krijgen we die?"

Amma: "Het is niet verschillend van ons. Noch is het iets dat we van buiten moeten krijgen. Die kracht is in ons. Wanneer je je dat realiseert, zal universeel moederschap spontaan in je ontwaken."

Op dat moment arriveerde de wereldberoemde biologe Doctor Jane Goodall om Amma te ontmoeten. Bawa Jain, Dena Merriam, de Cambodjaanse prinses Ratna Devi Noordam en de medevoorzitster van het Vredesinitiatief de Weleerwaarde Joan Campbell waren ook aanwezig. Amma gaf hun alle vier darshan. Het leek erop dat doctor Goodall er niet genoeg van kon krijgen, hoeveel omhelzingen ze ook van Amma kreeg. Ze zei: "U bent zo lief, niet te beschrijven." Na een onderbreking voegde ze toe: "Ook niet te vergelijken."

Dr. Goodall die twintig jaar in de jungle van Afrika doorbracht met dieren, vooral chimpansees om hun geest te bestuderen en te begrijpen, vroeg Amma toen: "Denkt U dat dieren het hart van mensen kunnen begrijpen en dus op hen kunnen reageren?"

Amma: "Dieren kunnen zeker het hart van mensen begrijpen en dienovereenkomstig handelen, misschien beter dan mensen zelf. Amma heeft dit persoonlijk ervaren."

Amma deelde toen met Doctor Goodall Haar ervaringen in de jaren die Ze in de Natuur en met dieren had doorgebracht. Amma sprak over de hond die Haar pakjes met voedsel bracht, de adelaar die rauwe vis in Haar schoot wierp, de koe die uit de koeienstal kwam en op zo'n manier voor Haar ging staan dat Amma direct van haar uiers kon drinken, de papegaai die tranen stortte wanneer Zij vol tranen bhajans zong en de duiven die voor Amma gedanst hadden toen Ze zong.

Toen was het tijd om naar de zaal te gaan. Pas na Amma's gebed en recitatie van de *shanti* (peace) mantra's konden de afgevaardigden en andere deelnemers naar de Engelse Tuin

Inleiding

aan het Meer gaan in het hart van Genève, waar de afsluitende bijeenkomst voor die dag gepland was.

Toen Amma bij de zaal kwam, werd Ze door de afgevaardigden ontvangen. Ze leidde toen het gebed voor wereldvrede door "Lokah Samastah Sukhino Bhavantu" drie keer te herhalen. Iedereen herhaalde de mantra na Amma. Voordat de golven van de vredesmantra tot rust gekomen waren, leidde Amma tien minuten de "Ma-Om" meditatie. Tegen de tijd dat Amma het gebed beëindigde met de *Nirvanashtakam* van Sri Shankaracharya, konden de afgevaardigden van de verschillende naties de zegen van de kracht en vrede in zich voelen trillen.

Amma was de eerste die in de Engelse Tuin aan het Meer sprak. In Haar vredesboodschap zei Ze: "Wat iedereen nodig heeft is vrede. Maar een meerderheid wil koning zijn. Niemand wil dienaar zijn. Hoe kan er dan vrede zijn? Zal er niet alleen maar oorlog en conflict zijn? Een ware dienaar is de echte koning. Is de melk van een zwarte koe, een witte koe en een bruine koe niet wit? Op dezelfde manier is de essentie in iedere persoon hetzelfde. Vrede en tevredenheid zijn voor iedereen hetzelfde. Zij die hiernaar verlangen, moeten samenwerken."

Bij de afsluiting van de ceremonie riepen alle afgevaardigden in koor: "Wij willen helemaal geen oorlog. We willen geen misdaad. We willen alleen vrede." Als symbool van het licht van vrede dat de duisternis van oorlog en conflict verwijdert, ontstaken de afgevaardigden kaarsen en hielden die omhoog. De mensen die daar bijeenwaren stelden zich toen zo op dat het woord "P-E-A-C-E" gevormd werd.

Op 7 oktober, de dag van de belangrijkste sessie van het Initiatief, was Amma om 9 uur 's ochtends bij de vergaderzaal. Bawa Jain en Dena Merriam waren aanwezig om Amma welkom te heten. De zaal was overvol met spirituele leraren en leiders die de verschillende godsdiensten vertegenwoordigden.

De een na de ander sprak over de vrijheid van vrouwen en de sociale problemen waarmee vrouwen geconfronteerd worden. Beperkingen, oplossingen en advies werden welsprekend verwoord en met prijzenswaardige wijsheid

Inleiding

geanalyseerd zonder onnodige kritiek of ondertonen van egoïsme.

Een vrouw en haar moederschap zijn niet twee. Dat zij één zijn werd bewezen door het gevoel van zuiverheid dat in de atmosfeer heerste. Vooral de nederigheid van de organisatoren en de zeer grote precisie waarmee de dagprogramma's gehouden werden, waren opmerkelijk.

Om 11 uur spraken deskundige vrouwelijke religieuze en spirituele leiders uit de Filippijnen, Thailand, Israel, China, Afghanistan en Ruanda over "Vrouwen en hun bijdragen aan de Wereldvrede." Daarna drukte Mw. Susan Deihim uit Iran de wereldomvattende dorst naar vrede uit door een lied.

Om 11.20 uur beklom Dena Merriam het podium. Ze keek naar het gehoor, glimlachte en zei toen: "Nu komt de belangrijkste ceremonie van dit evenement: het aanbieden van de Gandhi-King Onderscheiding voor Geweldloosheid van dit jaar. Vol respect verzoek ik Sri Mata Amritanandamayi om op het podium te komen om de beloning te accepteren."

Toen Amma naar het podium begon te lopen met Haar karakteristieke nederigheid en eenvoud en met Haar handen voor Haar borst in gebed samengevouwen, stonden alle afgevaardigden en spirituele leiders die in the Vergaderzaal van de Verenigde Naties zaten, op en applaudisseerden luid.

De Hoge Commissaris voor Mensenrechten bij de Verenigde Naties, Zijne Excellentie Sergio Vieira de Mello, begroette Amma en begeleidde Haar naar het podium. Bawa Jain stelde hem aan Amma voor. In Haar gebruikelijke stijl omhelsde Amma hem en kuste liefdevol zijn hand. Zijne Excellentie kuste op zijn beurt liefdevol Amma's beide handen.

Bawa Jain sprak toen een paar minuten, waarbij hij de vorige winnaars van Gandhi-King Award noemde: Kofi Annan (in 1999), Nelson Mandela (in 2000) en Jane Goodall (in 2001). Hij nodigde Dr. Goodall toen uit om Amma aan de vergadering voor te stellen en haar de onderscheiding te overhandigen.

"Ik vind het een grote eer om het platform te delen met een vrouw die zo opmerkelijk is en die de belichaming van goedheid is. Ze heeft een opmerkelijk leven gehad. Ze tartte vanaf het begin de traditie. Ze werd geboren in een

Inleiding

arm gezin. Omdat ze een huid had die donkerder was dan die van haar broers en zussen, werd Ze door haar familie niet goed behandeld. Ze behandelden haar als dienstmeid. Maar Zij begon de aanwezigheid van God in zichzelf te ervaren. Die aanwezigheid voelde Ze zo krachtig dat Ze anderen wilde helpen en Haar geluk wilde delen met mensen die minder fortuinlijk waren dan Zij. En opnieuw tartte Ze de traditie door de mensen die troost nodig hadden, te gaan omhelzen, terwijl vrouwen geen vreemden mogen aanraken. En met Haar geweldige omhelzing, die ik gisteren zelf heb mogen ervaren, heeft Ze al meer dan 21 miljoen mensen getroost. Stelt u zich dat eens voor..... 21 miljoen mensen! (applaus). Maar wat nog belangrijker is, Ze heeft een uitgebreid netwerk van liefdadigheidsorganisaties opgericht bestaande uit scholen, ziekenhuizen, weeshuizen en huizen voor de armen, te veel om nu op te noemen. En tenslotte was Ze, ook weer tegen de traditie in, de eerste religieuze leider die vrouwen als priesters aanstelde in de traditionele tempels. Zij gelooft dat God geen onderscheid maakt tussen de seksen en ik geloof dat Zij hier voor ons staat: Gods liefde in menselijke vorm." Dr. Goodall eindigde haar toespraak met applaus dat niet leek op te houden.

Dit werd gevolgd door de ceremonie van het aanbieden van de onderscheiding. Toen Dr. Goodall de Gandhi-King Onderscheiding voor 2002 aan Amma gaf, werden de emoties de vrije loop gelaten in de Vergaderzaal van de Verenigde Naties, wat tot uiting kwam door een lange staande ovatie.

Bawa Jain nodigde Amma toen uit om te spreken over het onderwerp "De Kracht van Moederschap."

Amma begon Haar toespraak door tegenover Mahatma Gandhi en Martin Luther King Junior Haar erkentelijkheid te betuigen. Amma was van mening dat zij grote successen konden behalen omdat zij de kracht van steun van het volk en een zuiver hart hadden. Amma zei ook dat de onderscheiding voor diegenen was die naar wereldvrede en tevredenheid streefden en dat Zij die namens hen accepteerde. Amma bad ook dat zij die aan de wereldvrede werken gezegend mogen worden met meer kracht en moed.

Inleiding

Amma herinnerde de aanwezigen eraan: "Mahatma Gandhi en de Eerwaarde Martin Luther King droomden van een wereld waarin mensen als mensen erkend en bemind worden zonder enig soort vooroordeel. Hen herdenkend legt Amma jullie ook een visie van de toekomst voor. Het is een visioen van een wereld waarin vrouwen en mannen zich samen ontwikkelen, een wereld waarin alle mannen respecteren dat vrouwen en mannen gelijkwaardig zijn zoals de twee vleugels van een vogel. Want zonder de perfecte balans tussen die twee kan de mensheid niet vooruitgaan."

Ze ging verder: "Vrouwen en mannen zijn in Amma's ogen gelijk. Amma wil Haar denkbeelden over dit onderwerp eerlijk uitdrukken. Deze waarnemingen zijn niet noodzakelijk op iedereen van toepassing, maar zij zijn op de meerderheid van de mensen van toepassing. Vrouwen moeten wakker worden en opstaan! Op het ogenblik slapen de meeste vrouwen. Het ontwaken van de sluimerende kracht in vrouwen is een van de dingen die het hardste nodig is in deze tijd."

De volgende twintig minuten was er een Ganga-stroom van fundamentele waarheden: de innerlijke en uiterlijke aard van een vrouw; de diepte, omvang en beperkingen van haar geest; de zwakheden van de vrouwelijke geest en de gebieden waar ze voorzichtig moet zijn, de oneindige kracht latent in een vrouw... Toen Amma al deze punten met fascinerende helderheid en inzicht ter sprake bracht, luisterde de vergadering in een meditatieve stilte. Op zulke momenten waren de pure kracht van Amma's woorden en de aanwezigheid van Haar universele moederschap duidelijk voelbaar.

"De essentie van moederschap is niet beperkt tot vrouwen die kinderen gebaard hebben. Het is een principe dat zowel in vrouwen als mannen aanwezig is. Het is een houding van de geest. Het is liefde, en die liefde is de adem van het leven. Niemand zal zeggen: 'Ik adem alleen wanneer ik bij mijn gezin en mijn vrienden ben. Ik adem niet bij mijn vijanden.' Op dezelfde manier vormen voor degenen in wie het moederschap is ontwaakt, liefde en medegevoel voor iedereen evenzeer een deel van hun wezen als ademen.

Inleiding

Amma vindt dat de komende eeuw gewijd moet worden aan het opnieuw wakker maken van de helende kracht van het moederschap. Dit is de enige manier om onze droom van vrede en harmonie voor allen te realiseren."

Toen Amma Haar toespraak beëindigde, stond de vergadering spontaan op en gaf een daverend applaus.

Toen de zitting afgelopen was, stormden er heel wat deelnemers naar het anderhalve meter lange, grote wonder dat Amma is, om naar Haar te kijken, Haar te ontmoeten en Haar darshan te krijgen. Ergens anders was er een enorme toeloop om een kopie van Amma's toespraak te krijgen.

Temidden van dit alles kwam Bawa Jain aan Amma vragen een fotobijeenkomst met de andere afgevaardigden bij te wonen. Mensen begonnen Amma te volgen, waar Ze ook heen ging zoals bijen de bijenkoningin volgen. Mr. Jain had veel moeite om Amma door de dichte menigten te loodsen die om Haar heen liepen. Uiteindelijk zei hij tegen de mensen om Amma: "Hé, Ze is ook mijn Moeder. Geef mij ook een kans!"

Vergezeld van de Eerwaarde Joan Campbell, Dr. Goodall, de Cambodjaanse prinses, Bawa Jain en Dena Merriam verliet Amma de vergaderzaal en ging naar buiten. Op de veranda die tegenover de zaal lag wachtte de medevoorzitster van het Wereldomvattende Vredesinitiatief voor Vrouwelijke Religieuze en Spirituele Leiders, Dr. Saloha Mahmud Abdin, een Pakistani, om Amma te ontmoeten. Zodra Dr. Saloha, een Islamitische geleerde en socialist, Amma zag, ging ze naar Haar toe en groette Haar. Amma omhelsde haar met veel liefde. Toen ze met haar hoofd op Amma's schouders rustend daar stond, zei ze zachtjes: "Het is zo'n grote zegen dat U hier vandaag bij ons bent."

Na de fotobijeenkomst vroeg de Christian Broadcasting Corporation Amma om een interview.

Vraag: "Amma ontvangt mensen door ze te omhelzen. Kan deze omhelzing iemand helpen om vrede te vinden?"

Amma: "Het is niet zo maar een omhelzing, maar het maakt spirituele principes wakker. Onze essentie is liefde. We leven voor liefde,

Inleiding

nietwaar? Waar liefde is, daar is geen conflict, alleen vrede."

Vraag: "Amma heeft volgelingen over de hele wereld. Aanbidden zij U allemaal?"

Amma: "Amma aanbidt hen. Zij zijn allemaal mijn God. Amma heeft geen God die hoog in de hemel woont. Mijn God zijn jullie allemaal, alles dat men ziet. Amma houdt van iedereen en alles. Zij houden evenveel van Mij. De liefde stroomt in beide richtingen. Daar is er geen dualiteit, alleen eenheid, zuivere liefde."

Dat is inderdaad het geheim achter het grote wonder dat de hele wereld naar zich toetrekt. Dat is de stroom van liefde, de nooit ophoudende naar nectar smakende stroom van de Ganga, de stroom van de kracht van een onbeschrijfelijk moederschap.

Wereldomvattend Vredesinitiatief van Vrouwelijke Religieuze en Spirituele Leiders

Palais des Nations, Genève.
7 oktober 2002

"Deze onderscheiding is ingesteld ter dierbare herinnering aan twee grote persoonlijkheden: Mahatma Gandhi en de Eerwaarde Martin Luther King. Amma's gebed bij deze gelegenheid is dat alle mensen die over de hele wereld bidden en werken voor vrede meer kracht en inspiratie krijgen en dat steeds meer mensen zich voor wereldvrede inzetten. Amma ontvangt deze onderscheiding namens hen. Amma's leven is aan de wereld geofferd, daarom maakt Ze nergens aanspraak op."

Amma

Acceptatietoespraak

gegeven bij het ontvangen van de Gandhi King onderscheiding voor Geweldloosheid in 2002.

Amma buigt voor jullie allemaal, die werkelijk de belichaming zijn van de Hoogste Liefde en Zuiver Bewustzijn.

Deze onderscheiding is ingesteld ter herinnering aan twee grote persoonlijkheden: Mahatma Gandhi en Martin Luther King. Amma's gebed bij deze gelegenheid is dat alle mensen die over de hele wereld bidden en werken voor vrede, meer kracht en inspiratie krijgen en dat steeds meer mensen zich voor wereldvrede inzetten. Amma ontvangt deze onderscheiding namens hen. Amma's leven is aan de wereld geofferd, daarom maakt Ze nergens aanspraak op.

Zowel Mahatma Gandhi als de Eerwaarde Martin Luther King droomden van een wereld waarin mensen als mensen erkend en bemind worden zonder enig soort vooroordeel. Hen herdenkend legt Amma jullie ook een visie van de toekomst voor.

Amma heeft ook een droom. Het is een visioen van een wereld waarin vrouwen en mannen

Het Ontwaken van Universeel Moederschap

zich samen ontwikkelen, een wereld waarin alle mannen respecteren dat vrouwen en mannen gelijkwaardig zijn zoals de twee vleugels van een vogel. Want zonder de perfecte balans tussen die twee kan de mensheid niet vooruitgaan.

Dr. King was moedig als een leeuw, maar in zijn hart was hij zo zacht als een bloem. Hij riskeerde zijn leven voor de liefde, gelijkheid en de andere edele idealen die hij hooghield. Hij moest met groot doorzettingsvermogen vechten tegen de mensen van zijn eigen land.

Mahatma Gandhi preekte niet alleen. Hij bracht zijn woorden in de praktijk. Hij wijdde zijn hele leven aan vrede en geweldloosheid. Hoewel

Acceptatietoespraak

Gandhi eerste minister of president van India had kunnen worden, wees hij dit af omdat hij helemaal geen verlangen naar faam of macht had. Om twaalf uur middernacht toen India onafhankelijk verklaard werd, was Gandhi de slachtoffers van een door rellen getroffen gebied aan het troosten.

Het is makkelijk om iemand wakker te maken die slaapt. Je schudt hem gewoon een paar keer. Maar je kunt iemand die doet alsof hij slaapt honderd keer schudden en dan heeft het nog geen effect. De meerderheid van de mensen behoort tot de laatste categorie. Het is hoogtijd dat we allemaal echt wakker worden. Behalve wanneer de lagere dierlijke neigingen in mensen onderworpen worden, zal onze visie voor de toekomst van de mensheid geen werkelijkheid worden en zal vrede alleen een verre droom blijven.

Mogen we door onze spirituele oefeningen de moed en het doorzettingsvermogen hebben om deze droom te verwezenlijken. Om dit tot stand te brengen moet ieder van ons zijn ingeboren kwaliteiten als vertrouwen, liefde, geduld en zelfopoffering ten bate van allen ontdekken en tot uitdrukking brengen. Dat is wat Amma bedoeld met echt moederschap.

Hoofdtoespraak

Het Ontwaken van Universeel Moederschap

Door Sri Mata Amritanandamayi

Amma's toespraak ter gelegenheid van het Wereldomvattend Vredesinitiatief van Vrouwelijke Religieuze en Spirituele Leiders, Palais des Nations, Genève, 7 oktober 2002.

Vrouwen en mannen zijn in Amma's ogen gelijk. Amma wil Haar denkbeelden over dit onderwerp eerlijk uitdrukken. Deze waarnemingen zijn niet noodzakelijk op iedereen van toepassing, maar zij zijn op de meerderheid van de mensen van toepassing.

Vrouwen moeten wakker worden en opstaan! Op het ogenblik slapen de meeste vrouwen. Het ontwaken van de sluimerende kracht in vrouwen is een van de dingen die het hardste nodig is in deze tijd. Niet alleen vrouwen in ontwikkelingslanden moeten wakker worden – dit geldt voor vrouwen over de hele wereld. Vrouwen in landen waar materialisme domineert, moeten wakker worden voor spiritualiteit[1]. En vrouwen in landen waar zij gedwongen worden om binnen de nauwe beperkingen van de religieuze traditie te blijven, moeten wakker worden voor het moderne denken. Men heeft over het algemeen gedacht dat vrouwen en de cultuur waarin zij leven, zullen ontwaken door onderwijs en materiële ontwikkeling. Maar de tijd heeft ons geleerd dat deze opvatting te beperkt is. Alleen wanneer vrouwen zich de eeuwige wijsheid van spiritualiteit eigen maken, samen met modern onderwijs, zal de kracht in hen wakker worden en zullen zij tot actie overgaan.

---

[1] De spiritualiteit waar Amma hier naar verwijst gaat niet over het aanbidden van een God die ergens hoog boven de wolken zit. Echte spiritualiteit is zichzelf kennen en de oneindige Kracht in je realiseren. Spiritualiteit en het leven zijn niet twee afzonderlijke dingen. Zij zijn één. Echte spiritualiteit leert ons hoe we in de wereld moeten leven. De materiële wetenschappen leren ons om de uiterlijke wereld te airconditionen, terwijl de spirituele wetenschap ons leert hoe we de innerlijke wereld moeten "airconditionen".

Toespraak van Sri Mata Amritanandamayi

Wie moet de vrouw wakker maken? Wat houdt haar ontwaken tegen? In werkelijkheid kan geen enkele uiterlijke kracht de vrouw of haar aangeboren moederlijke eigenschappen zoals liefde, meeleven en geduld, tegenhouden. Zij is het, zij alleen, die zichzelf wakker moet maken. De geest van een vrouw is de enige echte hindernis die voorkomt dat dit gebeurt.

De regels en bijgelovige ideeën die vrouwen degraderen, heersen nog steeds in de meeste landen. De primitieve gewoonten die door mannen in het verleden zijn uitgevonden om vrouwen uit te buiten en te onderwerpen, blijven tot op de dag van vandaag actueel. De vrouwen zijn mentaal vast blijven zitten in de spinnenwebben van deze gewoonten. Zij zijn gehypnotiseerd door hun eigen geest. Vrouwen moeten zichzelf helpen om zich uit dat magnetische veld te bevrijden. Dit is de enige manier.

Kijk naar een olifant. Hij kan geweldige bomen met zijn slurf ontwortelen. Wanneer een olifant die in gevangenschap leeft nog heel jong is, wordt hij met een sterk touw of een ketting aan een boom gebonden. Omdat het de aard van olifanten is om vrij rond te zwerven, probeert de jonge olifant instinctief uit alle macht om het touw kapot te trekken. Maar hij is niet sterk genoeg om dat te doen. Wanneer hij zich realiseert dat zijn pogingen zinloos zijn, geeft hij het uiteindelijk op en houdt op met worstelen. Later wanneer de olifant volwassen is, kan hij met een dun touwtje aan een klein boompje vastgebonden worden. Hij zou zich dan gemakkelijk kunnen bevrijden door de boom los te trekken of het touw te breken. Maar omdat zijn geest door zijn vorige ervaringen geconditioneerd is, doet hij niet de minste moeite om los te breken.

Dit is wat er met vrouwen gebeurt.

De samenleving laat niet toe dat de kracht van vrouwen opkomt. We hebben een blokkade gecreëerd die deze grote kracht verhindert om vrij te stromen.

Het oneindige vermogen dat in mannen en vrouwen inherent aanwezig is, is hetzelfde. Als vrouwen echt willen dan is het niet moeilijk om de ketenen, dat wil zeggen de regels en de conditionering die de maatschappij hen heeft opgelegd, te verbreken. De grootste kracht van vrouwen ligt in hun aangeboren moederschap, in hun scheppende, leven schenkende kracht. En deze kracht stelt vrouwen in staat om minstens evenveel verandering in de samenleving teweeg te brengen als mannen.

Verouderde, verlammende opvattingen die in het verleden ontworpen zijn, houden vrouwen tegen om spirituele hoogten te bereiken. Dit zijn de schaduwen die vrouwen nog steeds achtervolgen en die vrees en innerlijk wantrouwen in hen oproepen. Vrouwen moeten hun angst en wantrouwen loslaten, het zijn eenvoudig illusies. De beperkingen die vrouwen menen te hebben, zijn niet echt. Vrouwen moeten kracht verzamelen om die ingebeelde beperkingen te overwinnen. Zij hebben deze kracht reeds, hij is er gewoon! En als die kracht eenmaal opgeroepen is, kan niemand de opmars van vrouwen op ieder gebied van het leven tegenhouden.

Mannen geloven gewoonlijk in spierkracht. Op een oppervlakkig niveau beschouwen zij vrouwen als hun moeder, vrouw en zussen. Maar het is niet nodig om te verbergen dat mannen op een dieper niveau nog veel weerstand hebben wanneer het aankomt op het goed begrijpen, accepteren en erkennen van vrouwen en het vrouwelijke aspect van het leven.

Amma herinnert zich een verhaal. In een dorp woonde eens een zeer spirituele vrouw die ontzettend veel geluk vond in het dienen van anderen. De religieuze leiders van het dorp verkozen haar tot een van hun priesters. Zij was de eerste vrouwelijke priester die in het gebied was aangesteld en de mannelijke priesters vonden het helemaal niet leuk. Haar grote mededogen, nederigheid en wijsheid werden door de dorpelingen gewaardeerd. Dit veroorzaakte veel jaloezie onder de mannelijke priesters.

Op een dag werden alle priesters uitgenodigd voor een religieuze bijeenkomst op een eiland op een afstand van drie uur per boot. Toen de priesters aan boord gingen, ontdekten ze tot hun ontzetting dat de priesteres daar al zat. Zij fluisterden onder elkaar: "Wat een lastpost! Ze weigert ons alleen te laten!" De boot vertrok. Maar een uur later viel de motor plotseling uit en de boot kwam tot stilstand. De kapitein riep uit: "O nee! We komen niet verder! Ik ben vergeten om de tank te vullen!" Niemand wist wat te doen. Er was geen andere boot in zicht. Op dat moment stond de priesteres op en zei: "Maak je geen zorgen, broeders. Ik ga wat brandstof halen!" Toen ze dit gezegd had, stapte ze uit de boot en liep weg over het water. De priesters keken hier met veel verbazing naar, maar merkten snel op: "Kijk nou! Ze kan niet eens zwemmen!"

Dit is over het algemeen de houding van mannen. Zij zijn geconditioneerd om de prestaties van vrouwen te kleineren en te veroordelen. Vrouwen zijn geen versieringen of objecten die door mannen beheerst dienen te worden. Mannen behandelen vrouwen als potplanten waardoor zij het hun onmogelijk maakten om hun volledige vermogen te ontwikkelen.

Vrouwen zijn niet voor het plezier van mannen geschapen. Zij zijn niet gemaakt om als gastvrouw bij theekransjes op te treden. Mannen gebruiken vrouwen als een taperecorder die zij graag volgens hun nukken en grillen bedienen, alsof ze op start- en stoptoetsen drukken.

Mannen beschouwen zich superieur aan vrouwen zowel lichamelijk als verstandelijk. De arrogantie van deze verkeerde houding van mannen, dat vrouwen in de samenleving niet kunnen overleven zonder van mannen afhankelijk te zijn, is duidelijk in alles wat mannen doen.

Zelfs in materieel ontwikkelde landen worden vrouwen weggeduwd wanneer het erop aankomt politieke macht met mannen te delen. Het is interessant om te zien dat ontwikkelingslanden vergeleken met ontwikkelde landen ver vooruitlopen bij het geven van mogelijkheden aan vrouwen om in de politiek carrière te maken. Maar hoeveel vrouwen, behalve een paar die we op onze vingers kunnen tellen, kunnen we zien in de arena van de wereldpolitiek? Is dit omdat vrouwen niet capabel zijn of komt het door de arrogantie van mannen?

De juiste omstandigheden en steun van anderen zullen vrouwen zeker helpen om te ontwaken en op te staan. Maar dit alleen is niet genoeg. Ze moeten inspiratie uit die omstandigheden halen en kracht in zichzelf vinden. Echte macht en kracht komen niet van buiten. Men moet die in zichzelf vinden.

Vrouwen moeten moed vatten. Moed is een kenmerk van de geest, het is niet een eigenschap van het lichaam. Vrouwen hebben de kracht

Toespraak van Sri Mata Amritanandamayi

om tegen de sociale regels te vechten die hun vooruitgang tegenhouden. Dit is Amma's eigen ervaring. Hoewel er in India veel veranderingen hebben plaatsgevonden, is het een land waar de mannelijke suprematie nog steeds de regel is. Zelfs vandaag de dag worden vrouwen uitgebuit in naam van religieuze gedragsregels en traditie. Ook in India worden vrouwen wakker en gaan tot actie over. Tot voor kort was het vrouwen niet toegestaan om in het binnenste heiligdom van een tempel erediensten te verrichten, noch konden vrouwen een tempel inwijden of Vedische rituelen verrichten. Vrouwen hadden zelfs niet de vrijheid om Vedische mantra's te reciteren. Maar Amma moedigt vrouwen aan en stelt hen aan om deze dingen te doen. En het is Amma die de inwijdingsceremonie verricht in alle tempels die door onze ashram gebouwd zijn. Velen protesteerden ertegen dat vrouwen dit deden, omdat al die ceremonies en rituelen generaties lang alleen door mannen gedaan waren. Aan hen die vroegen wat we deden, legde Amma uit dat we een God aanbidden die voorbij alle verschillen is, die geen onderscheid maakt tussen mannelijk en vrouwelijk.

Uiteindelijk steunde de meerderheid van de mensen deze revolutionaire stap. Deze verboden voor vrouwen waren in feite nooit een deel van de oude hindoetraditie. Die werden naar alle waarschijnlijkheid later uitgevonden door mannen die tot de hogere klassen in de samenleving behoorden, om vrouwen uit te buiten en te onderdrukken. Die regels bestonden niet in het oude India.

In het oude India waren de Sanskriet woorden die een man gebruikte om zijn vrouw aan te spreken *Pathni*: degene die de echtgenoot door het leven leidt, *Dharmapathni*: degene die haar man op het pad van *dharma* (rechtschapenheid en verantwoordelijkheid) leidt en *Sahadharmacharini*: degene die samen met haar man op het pad van dharma gaat. Deze termen houden in dat vrouwen dezelfde status als mannen genoten, of misschien zelfs een hogere.

In India werd het Hoogste Wezen nooit uitsluitend in een mannelijke vorm aanbeden. Het Hoogste Wezen wordt ook aanbeden als Godin in Haar vele aspecten. Ze wordt bijvoorbeeld aanbeden als Sarasvati, de Godin van wijsheid en kennis. Ze wordt aanbeden als Lakshmi, de

Godin van voorspoed en Santana Lakshmi, de Godin die nieuw leven in een vrouw schenkt. Ze wordt ook aanbeden als Durga, de Godin van kracht en macht. Er was een tijd dat mannen de vrouw respecteerden als de belichaming van deze eigenschappen. Zij werd beschouwd als een verlengstuk van de Godin, een manifestatie op aarde van Haar eigenschappen. En toen werd op een gegeven moment door het egoïsme van bepaalde invloedrijke mannen en hun verlangen naar macht en heerschappij over allen deze diepe waarheid verdraaid en uit onze cultuur verwijderd. En zo vergaten of negeerden de mensen het diepe verband tussen de vrouw en de Goddelijke Moeder.

Over het algemeen gelooft men dat de islam de godsdienst is die de laagste status aan vrouwen geeft. Maar de Koran spreekt over eigenschappen als mededogen en wijsheid en over Gods essentiële aard als vrouwelijk.

In het Christendom wordt het Hoogste Wezen uitsluitend als de Vader in de Hemel, de Zoon en de Heilige Geest aanbeden. Het vrouwelijke aspect van God wordt niet zo algemeen erkend. Christus beschouwde mannen en vrouwen als gelijk.

De bijbel zegt dat Maria Jezus onbevlekt ontving. Om Jezus, Krishna en Buddha geboren te laten worden was een vrouw nodig. Om te kunnen incarneren had God een vrouw nodig die alle pijn en ontberingen van de zwangerschap en bevalling onderging. En toch denkt niemand na over de onrechtvaardigheid dat vrouwen door mannen geregeerd worden.

Geen enkele authentieke godsdienst kijkt op vrouwen neer of spreekt minachtend over hen. Voor hen die God gerealiseerd hebben is er geen verschil tussen mannelijk en vrouwelijk. Zij die gerealiseerd zijn hebben een onpartijdige visie. Als er ergens in de wereld regels bestaan die vrouwen belemmeren om van hun rechtmatige vrijheid te genieten, regels die hun vooruitgang in de samenleving verhinderen, dan zijn dat niet Gods geboden, maar komen zij voort uit het egoïsme van mannen.

Welk oog is belangrijker, het linker of het rechter? Beide zijn even belangrijk. Hetzelfde geldt voor de status van mannen en vrouwen in de maatschappij. Beiden moeten zich bewust zijn van hun unieke verantwoordelijkheden of dharma. Mannen en vrouwen moeten elkaar steunen. Alleen op deze manier kunnen we de harmonie in de wereld handhaven. Wanneer mannen en vrouwen krachten worden die elkaar aanvullen en samenwerken met wederzijdse steun en respect, dan zullen ze perfectie bereiken.

In werkelijkheid zijn alle mannen een deel van vrouwen. Ieder kind ligt eerst in de baarmoeder als een deel van het wezen van de moeder. Wat een nieuwe geboorte betreft is de rol van de man alleen dat hij zijn zaad geeft. Voor hem is het alleen een moment van genot, maar voor de vrouw is het negen maanden van beproevingen. Het is de vrouw die ontvangt, in verwachting raakt en dat leven een deel van haar wezen maakt. Ze schept de meest gunstige omstandigheden waaronder dat leven in haar kan groeien en brengt dan dat leven ter wereld. Vrouwen zijn in wezen moeders, de scheppers van leven.

Niemand kan het moederschap in twijfel trekken. Maar zij die weigeren om uit de cocon van hun eigen enge geest te komen, zullen dit nooit begrijpen. Je kunt licht niet uitleggen aan hen die alleen duisternis kennen.

Is God een man of een vrouw? Het antwoord op die vraag is dat God noch een man noch een vrouw is. God is 'Dat.' Maar als je erop staat dat God een geslacht heeft, dan is God meer vrouwelijk dan mannelijk omdat het vrouwelijke het mannelijke in zich heeft.

Iedereen, vrouw of man, die de moed heeft om de beperkingen van de geest te overwinnen, kan de toestand van universeel moederschap bereiken. Het principe van moederschap is zo uitgebreid en krachtig als het universum. Met deze kracht van moederschap in haar kan een vrouw de hele wereld beïnvloeden. De liefde van ontwaakt moederschap is een liefde en mededogen die men niet alleen voor zijn eigen kinderen voelt, maar voor alle mensen, dieren en planten, rotsen en rivieren. Het is een liefde die zich uitstrekt tot de hele natuur, tot alle wezens. Inderdaad, voor een vrouw in wie de toestand van echt moederschap ontwaakt is, zijn alle schepselen haar kinderen. Deze liefde, dit moederschap is Goddelijke Liefde, en dat is God.

Toespraak van Sri Mata Amritanandamayi

Meer dan de helft van de wereldbevolking zijn vrouwen. Het is een groot verlies wanneer men vrouwen de vrijheid ontzegt om zelfstandig op te treden en wanneer men hun de hoge status ontneemt die hun in de maatschappij toebehoort. Wanneer men vrouwen dit ontneemt, verliest de samenleving hun mogelijke bijdrage.

Vrouwen kunnen alle taken even goed als mannen verrichten, misschien zelfs beter. Vrouwen hebben de wilskracht en creatieve energie om ieder soort werk te doen. Wat voor soort activiteit het ook is, vrouwen kunnen buitengewone niveaus bereiken en dit geldt vooral op het spirituele pad. Vrouwen hebben de zuiverheid van geest en de intellectuele capaciteit om dit te bereiken. Maar wat ze ook ondernemen, het begin moet positief zijn. Als het begin van een poging goed is, zullen het midden en het einde ook goed zijn, mits wij geduld hebben en alert zijn. Een verkeerd begin op een verkeerde basis is een van de redenen dat vrouwen er zoveel bij inschieten in het leven. Het is alleen maar billijk dat vrouwen een gelijke status als mannen in de samenleving eisen. Maar Amma zou zeggen dat vrouwen geen juist inzicht konden ontwikkelen door een slechte start in het leven. Vrouwen proberen het einde te bereiken, maar slaan het begin over. Dat is als ABC overslaan en proberen XYZ te leren.

En wat is het ABC voor vrouwen? Wat is de aard van het wezen van een vrouw, van haar bestaan? Het zijn haar aangeboren eigenschappen, de essentiële principes van het moederschap. Wat voor werkterrein een vrouw ook kiest, ze moet deze goede eigenschappen die God of de Natuur haar overvloedig geschonken heeft, niet vergeten. Een vrouw moet al haar activiteiten ondernemen terwijl ze steeds stevig geworteld is in deze eigenschappen. Net zoals ABC het begin van het alfabet is, is de kwaliteit van 'moederschap' de basis van een vrouw. Ze moet dat cruciale deel van zichzelf niet weglaten voordat ze tot andere niveaus overgaat.

Er zijn veel vermogens in vrouwen die men over het algemeen niet in mannen aantreft. Een vrouw heeft de mogelijkheid om zich in meerdere delen op te delen. Zij kan meerdere dingen tegelijk te doen. Zelfs als ze veel verschillende dingen tegelijkertijd moet doen, is een vrouw begiftigd met het vermogen om al die activiteiten met grote schoonheid en perfectie uit te voeren. Zelfs in haar rol als moeder is een vrouw in staat om vele verschillende facetten van haar wezen tot uitdrukking te brengen: ze moet warm en teder zijn, sterk en beschermend, en strikte discipline kunnen handhaven. Zelden zien we dit soort samengaan van kwaliteiten bij mannen. Dus hebben vrouwen in feite een grotere verantwoordelijkheid dan mannen. Vrouwen houden de teugels van integriteit en eenheid in het gezin en in de samenleving in handen. Daarom moeten vrouwen hun innerlijke aard niet vergeten. Als zij die vergeten, zal de hemel verdwijnen en zal de hel op aarde komen. De geest en de fysieke wereld zullen als slagvelden zijn.

De geest van een man raakt gemakkelijk geobsedeerd door zijn gedachten en activiteiten. Mannelijke energie kan vergeleken worden met stilstaand water, het stroomt niet. De geest en het intellect van een man komen gewoonlijk vast te zitten in het werk dat hij doet. Het is voor mannen moeilijk om hun aandacht van één punt naar een ander te verplaatsen. Hierdoor raken het beroepsleven

Het Ontwaken van Universeel Moederschap

en het gezinsleven van veel mannen met elkaar verward. De meeste mannen kunnen de twee niet scheiden. Aan de andere kant hebben vrouwen een aangeboren capaciteit om dit te doen. Het is een diepgewortelde neiging van een man om zijn beroepsrol mee naar huis te nemen en zich dienovereenkomstig te gedragen in zijn relatie met zijn vrouw en kinderen. De meeste vrouwen weten hoe ze hun gezinsleven en beroepsleven gescheiden moeten houden.

Vrouwelijke energie of de energie van een vrouw is als een stromende rivier. Dit maakt het een vrouw makkelijk om moeder te zijn, echtgenote en een goede vriendin die haar man vertrouwen schenkt. Ze heeft de speciale gave om de gids en adviseur van het hele gezin te zijn. Vrouwen die een baan hebben zijn ruimschoots in staat om daarin ook te slagen.

De geest van de vrouw heeft de capaciteit om tegelijkertijd na te denken en te reageren, terwijl een man de neiging heeft om minder na te denken en meer te reageren. Een vrouw kan naar het verdriet van andere mensen luisteren en met mededogen reageren, maar wanneer zij met een uitdaging geconfronteerd wordt, is zij niettemin tegen de situatie opgewassen en kan even adequaat reageren als een man.

Het is de kracht van het moederschap die vrouwen in staat stelt om na te denken en te reageren. Hoe meer een vrouw zich identificeert met haar innerlijke moederschap, des te meer wordt ze zich bewust van die *shakti* of zuivere kracht. Het ontwaken van vrouwen begint wanneer ze deze kracht in zichzelf ontwikkelen. Dan zal de wereld steeds meer neer hun stem luisteren.

In de wereld van vandaag wordt alles verontreinigd en onnatuurlijk gemaakt. In deze omgeving moet een vrouw extra voorzichtig zijn dat haar eigenschappen van moederschap, haar essentiële aard als vrouw, niet aangetast worden en ontaarden.

Alleen liefde, mededogen en geduld, de fundamentele eigenschappen van vrouwen, kunnen de intrinsiek agressieve en overactieve neigingen van mannen verminderen. Op zelfde manier zijn er vrouwen die de eigenschappen van mannen nodig hebben zodat hun goede en zachte aard hen niet inactief maakt.

Vrouwen zijn de kracht en de basis van ons bestaan in de wereld. Wanneer vrouwen het contact met hun echte Zelf verliezen, dan houdt de harmonie in de wereld op en begint de vernietiging. Het is daarom cruciaal dat vrouwen overal alle moeite doen om hun fundamentele aard opnieuw te ontdekken, want alleen dan kunnen we deze wereld redden.

Mannen hebben ook erg geleden als gevolg van de verbanning van het vrouwelijke principe uit de wereld. Door de onderdrukking van vrouwen en het vrouwelijke principe in mannen, is het leven van mannen gefragmenteerd geworden en vaak pijnlijk. Mannen moeten zich ook van hun vrouwelijke eigenschappen bewust worden. Zij moeten medegevoel en begrip ontwikkelen in hun houding tegenover vrouwen en in de manier waarop zij zich tot de wereld verhouden.

Statistieken tonen aan dat mannen, niet vrouwen, verreweg de meeste misdaden en moorden in deze wereld begaan. Er is ook een sterk verband tussen de manier waarop mannen Moeder Natuur vernielen en hun houding tegenover vrouwen. Aan de Natuur moeten we in ons hart hetzelfde belang hechten als aan onze eigen biologische moeder.

Wat de wereld van vandaag werkelijk nodig heeft, is samenwerking tussen mannen en vrouwen, gebaseerd op een sterk gevoel van eenheid in het gezin en de samenleving. Oorlogen en conflicten, al het lijden en gebrek aan vrede in de huidige wereld zullen zeker in belangrijke mate afnemen, als vrouwen en mannen beginnen samen te werken en elkaar te steunen. Tenzij de harmonie tussen het mannelijke en het vrouwelijke, tussen mannen en vrouwen hersteld wordt, zal vrede niet meer dan een vage droom blijven.

Er is een man diep in de ziel van iedere vrouw en een vrouw diep in de ziel van iedere man. Deze waarheid daagde vele eeuwen geleden in de meditatie van de grote heiligen en zieners. Dit is wat het begrip *Ardhanarishwara* (half God en half Godin) in het hindoegeloof betekent. Of je nu een vrouw of een man bent, je echte menselijkheid zal alleen ontluiken en tot uitdrukking komen wanneer de vrouwelijke en de mannelijke kwaliteiten in je in evenwicht zijn.

Er zijn twee soorten taal in de wereld: de taal van het intellect en de taal van het hart. De taal van de logica of het rationele intellect is de taal van bewijsvoering en agressie. Het schept afstand tussen mensen. De taal van de liefde daarentegen brengt harten samen. Het is de taal van onbaatzuchtige dienstverlening. Zij die de taal van de logica spreken, proberen anderen als instrument te gebruiken om hun egoïstische verlangens te vervullen. Maar zij die de taal van de liefde spreken, worden het instrument van God om anderen onbaatzuchtig te dienen.

De aanhangers van de logica argumenteren niet alleen dat zij gelijk hebben, maar zij proberen te bewijzen dat anderen ongelijk hebben, terwijl zij die de taal van de liefde voorstaan, niets opeisen. In liefde ben je zelf niet belangrijk. In alle nederigheid vind je anderen belangrijk. Bij logica wordt er echter belang gehecht aan het ego. Liefde wil alleen anderen dienen, helpen en verheffen, maar de houding van een logisch denkende geest is: "Ik moet groeien, zelfs als anderen ten onder gaan."

Toespraak van Sri Mata Amritanandamayi

Helaas overheerst in de wereld van vandaag de taal van het intellect, niet de taal van het hart. Egoïsme en ogen vol wellust, niet liefde, domineren de wereld. Liefde geeft alles nieuw leven, terwijl lust alles in levenloze objecten verandert. Bekrompen mensen beïnvloeden mensen met een zwakkere geest en gebruiken hen om hun egoïstische doelen te bereiken. Zulke mensen creëren hun eigen interpretaties van religie en spiritualiteit en beïnvloeden anderen door hun ideeën aan hen op te dringen. Het aantal van deze mensen neemt toe in de huidige wereld. Daarom is de wereld vol conflicten, geweld en oorlog.

Toen Amma eens darshan in India gaf, kwam er een jongeman naar haar toe. Hij woonde in een deel van het land dat geteisterd werd door terrorisme. Door de veelvuldige moorden en plunderingen leden de mensen in dat gebied veel. Hij vertelde Amma dat hij de leider van een groep jongeren was die veel sociaal werk in dat gebied deed. Hij bad tot Amma: "Alstublieft, geef die terroristen die zo vol haat en geweld zitten, het juiste inzicht. En allen die zoveel wreedheden ondergaan hebben en zoveel geleden hebben, vul hun hart alstublieft met vergevensgezindheid. Anders zal de situatie alleen verslechteren en zal er geen einde aan het geweld komen."

Amma was zo blij toen Ze zijn gebed voor vrede en vergeving hoorde. Toen Amma hem vroeg waarom hij een leven van sociaal werk gekozen had, zei hij: "Mijn moeder was de inspiratie hierachter. Mijn kindertijd was donker en angstaanjagend. Toen ik zes jaar oud was, zag ik met mijn eigen ogen dat mijn vredelievende vader bruut door terroristen vermoord werd. Mijn leven werd aan gruzelementen geslagen. Ik was vol haat en alles wat ik wilde was wraak. Maar mijn moeder veranderde mijn houding. Steeds wanneer ik haar vertelde dat ik op een dag mijn vaders dood ging wreken, zei ze: 'Zoon, kijk naar de pijnlijke toestand van ons gezin. Kijk, hoe moeilijk het is om zonder je vader de eindjes aan elkaar te knopen. Heb ik niet dag in dag uit in andere huizen gewerkt om je op te voeden? En kijk eens naar jezelf, hoe verdrietig je bent omdat je de liefde van een vader niet kent terwijl je opgroeit. Wanneer je andere vaders hun kinderen naar school ziet brengen, voel je je dan niet verdrietig en wens je dan niet dat je een vader had? Kijk naar het gezicht van je grootmoeder. Is er een tijd geweest dat ze niet huilde en aan je vader dacht? Door wraak te nemen op degenen die je vader gedood hebben, wat bereik je daarmee behalve meer lijden en verdriet? Moeten er meer bedroefde gezichten in de samenleving komen? Waar we echt naar moeten streven is de ontwikkeling van liefde en verbondenheid. Dat is de enige manier om vrede te krijgen zowel voor ons als voor anderen. Daarom, mijn zoon, gebruik je verstand en doe wat je denkt dat het beste is.'

Toen ik opgroeide probeerden mensen mij over te halen om me bij verschillende terroristengroepen aan te sluiten om mijn vaders dood te wreken. Maar de zaden van vergevensgezindheid die mijn moeder gezaaid had, droegen vrucht, en ik weigerde. Ik gaf enkele jongeren hetzelfde advies dat mijn moeder mij gegeven had. Dit veranderde het hart van veel mensen die zich sindsdien bij me hebben aangesloten voor het dienen van anderen."

De liefde en het mededogen die deze jongen de wereld aanbood in plaats van haat, kwamen voort uit de bron van liefde in zijn moeder.

De moeder begrijpt het hart van haar kind. Zij laat haar liefde naar het kind stromen, leert het de positieve lessen van het leven en corrigeert de fouten van het kind. Als je een paar keer over een veld met zacht, groen gras loopt, maak je gemakkelijk een pad. De goede gedachten en positieve waarden die we in onze kinderen cultiveren, zullen altijd bij hen blijven. Het is gemakkelijk om het karakter van een kind te vormen wanneer het erg jong is en veel moeilijker wanneer het kind opgroeit.

En daarom is degene die de wieg van de baby schommelt, dezelfde die de lamp omhooghoudt die licht op de wereld werpt. En zo bepaalt de liefde die door de moedermelk stroomt, de toekomst van de wereld. Een vrouw die zich van haar aangeboren moederschap bewust geworden is, brengt de hemel op aarde, waar ze ook is. Alleen de vrouw kan een vreedzame, gelukkige wereld scheppen. Zij is de eerste guru, de eerste gids en begeleidster van de mensheid.

Toespraak van Sri Mata Amritanandamayi

Er schuilt veel waarheid in het gezegde dat er een sterke vrouw achter iedere succesvolle man staat. Overal waar je gelukkige, vreedzame individuen ziet, overal waar je kinderen met nobele eigenschappen en een goed karakter ziet, overal waar je mannen ziet die een geweldige kracht hebben wanneer zij met mislukking en ongunstige omstandigheden geconfronteerd worden, overal waar je mensen ziet die een grote mate van begrip, sympathie, liefde en mededogen hebben voor hen die lijden en die uit zichzelf aan anderen geven, vind je gewoonlijk een buitengewone moeder die hen geïnspireerd heeft om te worden wat ze zijn.

Liever dan stoffig te worden door hun leven binnen de vier muren van de keuken te slijten, moeten vrouwen naar buiten komen en met anderen delen wat ze te geven hebben en hun doel in het leven vervullen.

Mannen mogen nooit de vooruitgang van een vrouw naar haar rechtmatige positie in de samenleving hinderen. Zij moeten begrijpen dat de volledige bijdrage van vrouwen aan de wereld van vitaal belang is. Mannen moeten de weg voor haar vrijmaken. Ja, ze moeten zelfs haar weg voorbereiden om haar vooruitgang makkelijker te maken.

Een vrouw van haar kant moet liever denken aan wat ze aan de samenleving kan geven dan aan wat ze kan nemen. Deze houding zal haar zeker helpen om vooruit te gaan. Men moet benadrukken dat een vrouw van niemand iets hoeft te ontvangen of te nemen. Ze moet eenvoudig wakker worden. Dan zal ze alles kunnen bijdragen wat ze aan de samenleving wenst te geven en ze zal alles krijgen wat ze nodig heeft.

Vandaag de dag, nu competitie en woede overal de norm zijn, zijn het de vrouwelijke eigenschappen, het geduld en de verdraagzaamheid van vrouwen, die het beetje harmonie dat er in de wereld is, creëren. Net zoals een volledig elektrisch circuit afhangt van de aanwezigheid van zowel de positieve als de negatieve pool, hangt het leven dat in al zijn volheid stroomt, af van de aanwezigheid en bijdrage van zowel vrouwen als mannen. Alleen wanneer vrouwen en mannen elkaar aanvullen en steunen, zullen ze innerlijk tot bloei komen.

Toespraak van Sri Mata Amritanandamayi

Zelfs na tienduizend jaar menselijke geschiedenis is de status van de vrouwen in de samenleving nog steeds lager dan die van de mannen. Geboren in de boeien van sociale beperkingen en de bekrompen gewoonten en gebruiken die door de religies geschapen zijn, verdorren de ontluikende talenten van vrouwen, omdat zij gevangen zitten binnen de muur van beperkingen die mannen geschapen hebben. Als vrouwen in onze samenleving zwak worden, zal die zwakte ook hun kinderen aantasten. Zo verliezen de toekomstige generaties hun kracht en vitaliteit. Alleen wanneer vrouwen het respect en de eer gegeven worden die zij verdienen, kunnen we een wereld van bewustzijn en licht scheppen.

Over het algemeen leven de vrouwen van vandaag in een wereld die door en voor mannen ontworpen is. Vrouwen hebben die wereld niet nodig. Zij moeten hun eigen identiteit vestigen en zo de maatschappij herscheppen. Maar zij moeten de echte betekenis van vrijheid niet vergeten. Het is geen vergunning om te leven en zich te gedragen op iedere manier die men graag wil, ongeacht de consequenties voor anderen. Het betekent niet dat echtgenoten en moeders moeten weglopen van hun verantwoordelijkheden in het gezin. De vrijheid en het opstaan van een vrouw moeten in haarzelf beginnen. Als shakti of zuivere kracht in een vrouw wil ontwaken en opkomen, moet ze zich eerst van haar zwakheden bewust worden. Ze kan die zwakheden dan overwinnen door haar wilskracht, onbaatzuchtige dienstverlening en spirituele oefeningen.

Als vrouwen ernaar streven om hun rechtmatige positie in de samenleving terug te krijgen, moeten zij nooit hun essentiële aard verliezen. Deze tendens kan men in veel landen zien en dit zal vrouwen nooit helpen om echte vrijheid te bereiken. Het is onmogelijk om echte vrijheid te verwerven door mannen te imiteren. Als vrouwen zelf het vrouwelijke principe de rug toekeren, zal dat resulteren in de volledige mislukking van vrouwen en de samenleving. Dan zullen de problemen in de wereld niet opgelost worden, maar alleen verergeren. Als vrouwen hun vrouwelijke eigenschappen verwerpen en proberen om als mannen te worden door alleen mannelijke eigenschappen

Toespraak van Sri Mata Amritanandamayi

te ontwikkelen, dan zal de onevenwichtigheid in de wereld alleen maar groter worden. Dit is niet wat deze tijd nodig heeft. Wat echt nodig is, is dat vrouwen al het mogelijke aan de samenleving bijdragen door hun universele moederschap te ontwikkelen in plaats van alleen hun mannelijke kwaliteiten.

De vrouw heeft een dharma (plicht) tegenover de wereld en tegenover zichzelf. Samen met mannen moet ze gelijke verantwoordelijkheid op zich nemen voor de groei en ontwikkeling van de samenleving. Zolang vrouwen geen moeite doen om wakker te worden, zijn zij in zekere zin zelf verantwoordelijk voor het scheppen van hun eigen beperkte wereldje.

Veel prijzenswaardige individuen en organisaties zoals de Verenigde Naties steunen de vooruitgang van vrouwen. Deze conferentie is voor ons een gelegenheid om op die basis verder te bouwen. Amma zou graag een paar suggesties willen delen.

1. Religieuze leiders moeten alles in het werk stellen om hun volgelingen terug te brengen naar de ware essentie van spiritualiteit en in

het licht hiervan alle vormen van onderdrukking en geweld tegenover vrouwen veroordelen.

2. De VN moeten veilige toevluchtsoorden voor vrouwen en kinderen verschaffen in oorlogs- en onrustgebieden, waar vooral zij het doelwit zijn.

3. Alle religies en naties moeten schandelijke praktijken veroordelen als het doden van vrouwelijke foetussen en meisjes en het verminken van vrouwelijk genitaliën.

4. Aan kinderarbeid moet een einde gemaakt worden.

5. Het systeem van bruidsschatten moet afgeschaft worden.

6. De VN en de leiders van iedere natie moeten hun pogingen intensiveren om de handel in kinderen en de seksuele uitbuiting van jonge meisjes te stoppen. De wettelijke gevolgen van deze daden moeten effectief afschrikken.

7. Het aantal verkrachtingen dat over de hele wereld plaatsvindt is verbazingwekkend. En dat in sommige landen de *slachtoffers* van verkrachting gestraft worden, is onbegrijpelijk. Kunnen we alleen maar staan toekijken? Er moet een gezamenlijke internationale poging

Toespraak van Sri Mata Amritanandamayi

ondernomen worden om jonge mannen op te voeden met het doel om een einde aan verkrachtingen en andere vormen van geweld tegenover vrouwen te maken.

8. De waardigheid van vrouwen wordt aangetast door advertenties die hen als seksobjecten behandelen. We mogen deze uitbuiting niet tolereren.

9. Religieuze leiders moeten hun volgelingen aanmoedigen om onbaatzuchtige dienstverlening een integraal deel van hun leven te maken.

10. Gebrek aan onderwijs en armoede zijn de belangrijkste redenen voor de achterstand waarmee veel vrouwen nu geconfronteerd worden. De VN en de leiders van iedere natie moeten projecten opzetten voor het onderwijs aan vrouwen en de uitroeiing van armoede onder vrouwen.

De essentie van moederschap is niet beperkt tot vrouwen die kinderen gebaard hebben. Het is een principe dat zowel in vrouwen als mannen aanwezig is. Het is een houding van de geest. Het is liefde, en die liefde is de adem van het leven. Niemand zal zeggen: "Ik adem alleen wanneer ik bij mijn gezin en mijn vrienden ben. Ik adem niet bij mijn vijanden." Op dezelfde manier zijn voor degenen in wie het moederschap is ontwaakt, liefde en medegevoel voor iedereen evenzeer een deel van hun wezen als ademen.

Amma vindt dat de komende eeuw gewijd moet worden aan het opnieuw wakker maken van de helende kracht van het moederschap. Dit is de enige manier om onze droom van vrede en harmonie voor allen te realiseren. Het kan gedaan worden! Het hangt helemaal van ons af! Laten we dit niet vergeten en aan de slag gaan.

Amma wil haar welgemeende waardering voor de organisatoren van deze conferentie uitdrukken. Amma respecteert Uw inspanningen voor eenheid en wereldvrede zeer. Mogen we samen de beslissingen ten uitvoer brengen die we op deze conferentie nemen en in de discussies die volgen. Mogen de zaden van vrede die we hier vandaag planten, voor allen vrucht dragen.

Om namah Shivaya

Toespraak van Sri Mata Amritanandamayi